Souvenirs sur Lénine

PETITE BIBLIOTHÈQUE COMMUNISTE

CLARA ZETKIN

SOUVENIRS SUR LÉNINE

1926

BUREAU D'ÉDITIONS
DE DIFFUSION ET DE PUBLICITÉ
132, FAUBOURG SAINT-DENIS o PARIS-Xᵉ

SOUVENIRS SUR LÉNINE

Dans ces heures pénibles où chacun sent dou-
loureusement qu'un homme irremplaçable nous
a quittés, monte en nous, lumineux et vivace, le
souvenir de menus faits qui révèlent, comme à
la lueur d'un éclair, le grand homme dans le
grand chef révolutionnaire. La grandeur du chef
s'harmonisait avec la grandeur de l'homme et
c'est ce qui a donné son caractère à la figure de
Lénine, c'est pour cela qu'il reste « à jamais en-
seveli comme en un cercueil dans le vaste cœur
du prolétariat mondial », destin glorieux qui
avait été, selon Marx, celui des combattants de
la Commune. Car les travailleurs, les exploités
qui, tels les Canadiens du poète Seume, igno-
rent « la politesse fardée de l'Europe », lisez :
les mensonges conventionnels et les hypocrisies
du monde bourgeois, savent distinguer, avec
leur finesse instinctive, ce qui est vrai de ce qui
est faux, la grandeur simple du sot orgueil qui
se gonfle, l'amour qu'on leur porte, amour qui
engendre l'action et va jusqu'au sacrifice, de la
recherche d'une popularité qui n'est que le mi-
roir où la vanité aime à se regarder.

J'éprouve de la répugnance à livrer à la publicité des souvenirs personnels. Mais il me semble que j'ai le devoir de puiser dans le trésor de

mes souvenirs personnels touchant celui qui fut
le chef et l'ami inoubliable, et d'en publier quelque chose. Devoir envers lui qui nous a enseigné,
par la théorie et par l'action, que la volonté révolutionnaire consciente peut donner sa forme
propre à ce qui est nécessité historique. Devoir
aussi à l'égard de ceux qu'il a aimés et pour qui
il a travaillé toute sa vie, les prolétaires, les travailleurs, les exploités et les opprimés du monde
entier, à qui, parce qu'ils souffraient, allait la pi-
tié de son cœur, et en qui sa pensée fière reconnaissait et estimait les combattants de la Révolution et les constructeurs d'un ordre social su-
périeur.

*
* *

C'est en automne 1920 que je revis Lénine
pour la première fois depuis que la Révolution
russe avait commencé d' « ébranler le monde ».
Immédiatement après mon arrivée à Moscou, à
une conférence du parti, dans la salle Sverdlov,
au Kremlin, si mes souvenirs sont exacts. Lénine m'apparut, tel qu'il était autrefois, à peine
vieilli. J'aurais juré qu'il portait le même habit
modeste, proprement brossé qu'il avait la première fois que je le rencontrai. C'était en 1907,
au congrès de la II° Internationale, à Stuttgart.
Rosa Luxembourg qui possédait un œil d'artiste
pour tout ce qui sortait de l'ordinaire, me mon-
tra Lénine én me disant : « Regarde bien celui-
là, c'est Lénine. Regarde-moi ce crâne volon-
taire, têtu. Un vrai crâne de paysan russe, avec

quelques lignes asiatiques. Ce crâne a l'intention de renverser des muräilles. Peut-être bien qu'il s'y brisera, mais pour céder, il ne cédera jamais. »

Dans son attitude et son maintien, Lénine était également resté tout à fait le même. La discussion fut à plusieurs reprises très vive et même orageuse. Comme autrefois au congrès de la II° Internationale, Lénine se distinguait par l'attention extraordinaire avec laquelle il suivait les débats, par ce calme et cette grande assurance, qui étaient à la fois intérêt concentré, profond, pour ce qu'il entendait, et énergie et élasticité. C'est ce dont témoignaient ses interruptions et les remarques qu'il faisait à l'occasion, ainsi que ses explications plus complètes quand il prenait la parole. Rien d'important ne semblait échapper à son regard aigu, à son esprit lucide. Au cours de cette séance, comme toujours par la suite, le trait de son caractère qui m'a paru le plus saillant était sa simplicité, son amabilité et son naturel dans ses rapports avec tous les camarades. Je dis « naturel » parce que mon impression très nette était : cet homme est incapable de se montrer autrement qu'il ne se montre. La façon dont il se conduit envers les camarades est l'expression naturelle de sa nature intime.

Lénine avait la direction incontestée du parti qui avait guidé les ouvriers et les paysans russes dans leur lutte pour la prise du pouvoir, et qui, maintenant, fort de leur confiance, exerçait au

gouvernement la dictature du prolétariat. Lénine était, autant qu'un individu peut l'être, le
créateur et le chef du grand empire dont la révolution avait fait le premier Etat ouvrier et
paysan de la terre. Ses pensées, sa volonté vivaient dans des millions d'êtres, même en dehors de la Russie. Pour toutes les décisions im-
portantes, c'était son point de vue qui l'empor-
tait; son nom était un symbole d'espoir et de
libération, partout où il y avait des exploités et
des opprimés. « Le camarade Lénine nous mène
au communisme; nous tiendrons, si dur que ce
soit », disaient les ouvriers russes, qui, un haut
idéal d'humanité devant les yeux, luttaient malgré le froid et la famine, sur les divers fronts de
la guerre civile où travaillaient, au milieu de
difficultés inimaginables, au rétablissement de
l'industrie. « Qu'avons-nous à craindre? Que les
seigneurs reviennent et nous reprennent la
terre? Le petit père Lénine nous sauvera, ainsi
que Trotsky, avec l'Armée Rouge! », disaient les
paysans. « Vive Lénine! » disaient les inscrip-
tions sur les murs de plus d'une église en Italie,
expression de l'admiration enthousiaste de quelque prolétaire saluant, dans la révolution russe,
le champion de sa libération. C'est au nom de
Lénine que se groupaient en Amérique, comme
au Japon et aux Indes, tous ceux qui se révol-
taient contre la tyrannie des possédants.

Qu'elle était simple et modeste, l'attitude de
ce Lénine qui, en se retournant, pouvait déjà
contempler une œuvre gigantesque et d'une por-

tée historique, et sur qui pesaient d'un poids écrasant la confiance naïve, la plus formidable responsabilité et une tâche qui ne devait pas finir. Entièrement confondu avec la masse des camarades, de la même pâte qu'eux, il n'était qu'un homme parmi tant d'autres. Pas un geste, pas un jeu de physionomie par où il voulût faire l'effet d'une « personnalité ». Ces grimaces-là lui étaient étrangères car il était véritablement une personnalité. Sans cesse, des courriers lui apportaient des communications de différentes chancelleries, d'institutions civiles et militaires, communications auxquelles il répondait souvent par quelques lignes rapidement jetées sur le papier. Lénine avait pour chacun un sourire ou un signe de tête amical auquel répondait chaque fois le rayonnement de la joie sur une figure. Pendant les séances, il arrivait parfois que, sans en avoir l'air, on s'étendit sur quelque sujet avec des camarades en vue. Pendant les suspensions de séance, on se ruait positivement sur Lénine. Des camarades, hommes et femmes, de Moscou, de Pétrograd, des centres les plus différents du mouvement et beaucoup, beaucoup de jeunes camarades l'entouraient :

— Wladimir Illitch, je vous en prie...

— Camarade Lénine, vous ne pouvez pas refuser !

— Nous savons bien, Illitch, que vous..., mais...

C'est à peu près de cette façon que volaient et se croisaient demandes, questions, propositions.

Lénine écoutant, répondant, était d'une patience inépuisable, touchante. Son oreille s'ouvrait à toutes les préoccupations de parti, à toutes les douleurs personnelles, et toujours il avait un bon conseil à donner. Dans ses rapports avec les jeunes, ses façons étaient vraiment parfaites. Il leur parlait en camarade, sans rien qui rappelât le pédant ou le maître d'école, et ne s'imaginant certes pas que l'âge est déjà à lui seul une inégalable vertu. Lénine allait et venait en égal parmi des égaux, auxquels il était attaché par toutes les fibres de son cœur. Il n'avait absolument rien d'un « maître ». Son autorité dans le parti était celle d'un père, à la supériorité duquel on se soumet, parce qu'on a conscience qu'il comprend et veut être compris. Ce n'est pas sans amertume que dans l'atmosphère qui entourait Lénine, le souvenir m'est revenu des grands airs empesés des « pères » de la social-démocratie allemande. Et pis encore, des stupides façons de parvenu du social-démocrate Ebert, de M. le président d'Empire, s'appliquant à singer la bourgeoisie, à « tousser et à cracher comme elle », et abdiquant dans son orgueil de parvenu toute fierté du rôle historique du prolétariat et même toute dignité humaine. Sans doute, ces messieurs n'ont jamais été « aussi fous et aussi présomptueux » que Lénine « voulant faire une Révolution ». Et provisoirement, la bourgeoisie, ce petit enfant de l'ex « Empire Romain », peut sous leur garde ronfler dans sa chambre avec plus de sécurité encore qu'elle ne faisait au temps d'Henri Heine, sous trente-trois monarques. Jusqu'à ce que, là aussi, la Révolution finisse par surgir des flots de la nécessité historique et que de sa voix tonnante elle lance à cette société son *quos ego!*

Ma première visite au sein de la famille de Lénine confirma l'impression que j'avais eue à la conférence du parti et qui, depuis, avait été renforcée au cours de plusieurs entretiens. Certes, Lénine habitait le Kremlin, l'ancien château des tsars, et il fallait passer devant de nombreuses sentinelles avant de pouvoir arriver jusqu'à lui (mesure qui était justifiée par les projets d'attentats contre-révolutionnaires, qui n'avaient pas encore été abandonnés à cette époque contre les chefs de la Révolution russe). Lénine recevait également, quand il fallait le faire, dans les salons gouvernementaux. Mais son logement privé était de la plus grande simplicité. Je me suis trouvée plus d'une fois dans des logements ouvriers meublés bien plus richement que le logis du « tout-puissant dictateur de Moscou ». Je trouvai la femme et la sœur de Lénine en train de prendre leur repas du soir, qu'elles m'invitèrent immédiatement et très cordialement à partager avec elles. Le repas était frugal comme l'était celui de n'importe quel employé moyen à l'époque : du thé, du pain noir, du beurre et du fromage. A la fin du repas,

là sœur de Lénine, « pour faire honneur à son
hôte », chercha s'il n'y avait pas quelque « douceur » et elle eut la chance de découvrir un petit pot de confitures. On savait que les paysans
faisaient à « leur Illitch » de nombreux cadeaux
de farine, de lard, d'œufs, de fruits, etc., mais
on savait aussi que rien de ces choses ne restait
dans le ménage de Lénine. Tout s'en allait dans
les hôpitaux et les maisons d'enfants, car la famille de Lénine observait strictement le principe
de ne pas vivre mieux que les autres, c'est-à-
dire mieux que les classes laborieuses.

Je n'avais pas vu la camarade Kroupskaïa, la
femme de Lénine, depuis la conférence internationale des femmes socialistes, qui s'était tenue
à Berne, au mois de mars 1915. Son visage aux
yeux si bons portait les marques indélébiles de
la maladie sournoise qui la mine. A part cela, elle
aussi était restée la même, l'incarnation de la
sincérité, de la modestie et d'une simplicité qu'il
faut bien appeler puritaine. Avec ces cheveux
plats ramenés en arrière et rassemblés derrière
la tête en un chignon fait sans aucun art, avec
sa robe sans nulle garniture, on aurait pu la
prendre pour une femme d'ouvrier, usée de fati-
gue, et dont l'éternel souci est d'économiser du
temps, de gagner du temps. « La première femme du grand Empire russe », à ce que pensent
et à ce que disent les bourgeois, est incontesta-

blement la première pour l'abnégation et l'esprit de sacrifice et pour le dévouement à la cause des affligés et des éprouvés.

Elle était unie à Lénine par la plus intime communauté de vie et de travail. Il est impossible de parler de lui sans penser à elle. Elle était la main droite de Lénine, son meilleur secrétaire, sa camarade la plus convaincue, l'interprète la plus avertie de ses idées, aussi infatigable quand il s'agissait de recruter, avec tact et prudence, des amis et des partisans au maître génial, que lorsqu'il fallait faire, au milieu des ouvriers, œuvre de propagandiste selon le cœur de Lénine. En outre, elle avait son champ d'activité propre : elle se consacrait de toute son âme à la culture et à l'éducation du peuple.

Il eût été ridicule, et même inconvenant, de supposer que la camarade Kroupskaïa jouait, au Kremlin, le personnage de « la femme de Lénine ». Elle travaillait avec lui, pour lui, partageant ses soucis, comme elle l'avait fait toute sa vie, même quand les nécessités de la vie illégale et les persécutions les séparaient. Nature profondément maternelle, la camarade Kroupskaïa, aidée en cela par sa belle-sœur, faisait du logis de Lénine un « foyer », au sens le plus noble du mot. Non pas, certes, au sens où l'entendent les bons bourgeois allemands, mais bien par l'atmosphère intellectuelle qui régnait là, et qu'avaient créée pour ainsi dire les rapports unissant entre eux les êtres qui vivaient et qui travaillaient là. Dans ces rapports, on s'atta-

chait à ce qu'il n'y eût rien de faux ou d'affecté,
rien d'insincère, on tâchait de se comprendre et
on se gardait une mutuelle affection.

Bien que je n'eusse guère jusque-là connu
personnellement la camarade Kroupskaïa, je me
sentis pourtant dès l'abord comme chez moi
dans son « royaume », où elle me comblait d'at-
tentions. Lorsque, peu après l'entrée de Lénine
une grosse chatte apparut, accueillie par toute
la famille avec des transports de joie, et qu'elle
sauta sur l'épaule du « dictateur », puis s'ins-
talla sur ses genoux, j'aurais pu croire que j'é-
tais chez moi, ou bien chez Rosa Luxembourg
avec sa chatte « Mimi », qui est devenue pour
les amis une figure historique.

Lénine nous trouva toutes les trois en train
de causer. Il était question d'art, de culture et
d'éducation.

Je disais justement quelle admiration enthousiaste j'éprouvais à voir le travail de Titans ac-
compli par les bolchéviks dans le domaine culturel, à voir s'éveiller et s'essayer les forces créa-
trices qui allaient ouvrir des voies nouvelles à
l'art et à l'éducation. En même temps, je ne dis-
simulais pas que j'avais eu l'impression d'une
assez grande incertitude, d'une assez grande
confusion; on tâtonnait beaucoup, on faisait
bien des tentatives diverses, et à côté de l'effort
passionné, pour donner à la vie culturelle un
contenu nouveau, des formes et des directions
nouvelles, on pouvait voir aussi, à l'exemple de

ce qui se passait en Occident, plus d'une manifestation de snobisme artistique ou culturel.

Lénine prit aussitôt une part très active à la conversation.

« Que des forces s'éveillent et agissent pour donner à la Russie soviétique un art nouveau et une culture nouvelle, c'est là, dit-il, une bonne chose, une chose excellente. Que le rythme de cette évolution soit précipité, cela est bien naturel, et ce n'est pas un mal. Nous avons à rattraper et nous voulons rattraper les siècles qu'on a passés à ne rien faire. Une fermentation se produit comme au temps où le monde sortait du chaos, on cherche avec fièvre des mots d'ordre nouveaux et des solutions nouvelles, on acclame aujourd'hui telle tendance artistique ou culturelle que l'on condamnera demain : tout cela est inévitable.

« La Révolution déchaîne toutes les forces qui étaient contenues jusque-là et les fait remonter du fond à la surface. Un exemple entre cent. Songez au poids dont ont pesé sur l'évolution de notre peinture, de notre sculpture, de notre architecture, les modes et les caprices de la cour des tsars, ainsi que le goût et les fantaisies de messieurs les aristocrates et de messieurs les bourgeois. Dans une société fondée sur la propriété privée, l'artiste produit des marchandises pour le marché. Il lui faut des acheteurs. Notre Révolution a libéré les artistes du poids que faisait peser sur eux ce trop prosaïque état de choses. Grâce à elle, l'Etat soviétique est devenu

leur protecteur; c'est lui qui leur donne des com-
mandes. Tous ceux qui sont artistes, ou qui
croient l'être, revendiquent le droit de créer li-
brement, d'après leur idéal, que celui-ci vaille
quelque chose ou qu'il ne vaille rien. Et voilà
la fermentation, les expériences, le chaos.

« Mais naturellement nous sommes des communistes. Nous n'avons pas le droit de nous
croiser les bras et de laisser le chaos fermenter
à sa guise. Il faut que nous cherchions à diriger
cette évolution, à lui donner une claire conscience d'elle-même, que nous cherchions à en
préciser les résultats. C'est là ce qui fait encore
défaut, ce qui fait grandement défaut. Il me semble que nous avons, nous aussi, nos docteurs
Karlstad. Nous sommes beaucoup trop « icono-
clastes ». Si une chose est belle, qu'on la garde,
qu'on la prenne pour modèle, qu'on s'y reporte,
même si elle est « vieille ». Pourquoi se détour-
ner d'une chose vraiment belle, pourquoi décla-
rer une fois pour toutes qu'on ne la prendra pas
comme point de départ d'une évolution ulté-
rieure, simplement parce qu'elle est « vieille »?
Pourquoi adorer ce qui est « nouveau » comme
une divinité, à laquelle on obéira, uniquement
parce que c'est « nouveau »? C'est de la bêtise,
de la bêtise pure et simple. D'ailleurs, il y a aussi
dessous beaucoup de convenu, beaucoup de
« pose », et aussi le respect de la mode artistique de l'Occident. Bien entendu, on n'en a pas
conscience. Nous sommes de bons révolutionnai-

res, mais nous nous croyons obligés de montrer que nous sommes « au niveau de la culture contemporaine ». Moi, j'ai le courage de me montrer « barbare ». Je suis incapable de célébrer dans les œuvres de l'expressionnisme, du futurisme, du cubisme et autres « ismes » les plus hautes manifestations du génie artistique. Je ne les comprends pas. Je n'y prends aucun plaisir ».

Je dus avouer que, moi aussi, j'étais dépourvue de l'organe grâce auquel j'aurais compris que la forme artistique dans laquelle s'exprime une âme inspirée soit un triangle au lieu d'un nez, et que le besoin d'agir en révolutionnaire fasse du corps organisé de l'homme un sac informe posé sur deux bâtons, et muni de deux fourches à cinq branches. Lénine se mit à rire de bon cœur.

« Eh oui, ma chère Clara, il n'y a pas à dire, nous deux, nous sommes des vieux. Il faut nous contenter d'être encore pour le moment des jeunes en révolution, et de marcher les premiers sur ce terrain-là. Mais pour l'art nouveau, nous ne pouvons plus suivre; nous traînons la jambe et nous restons derrière.

« Mais, poursuivit-il, ce qui importe, ce n'est pas notre opinion sur l'art. Ce qui importe, ce n'est pas non plus ce que l'art procure à quelques centaines ou même à quelques milliers d'hommes sur une population qui, comme la nôtre, en compte de nombreux millions. L'art appartient au peuple. Il faut qu'il pousse ses ra-

cines les plus profondes dans les grandes masses travailleuses. Il faut qu'elles le comprennent
et qu'elles l'aiment. Il faut que l'art les unisse
et les élève dans leurs sentiments, leurs pensées et leurs volontés. Il faut que des artistes
naissent et grandissent parmi ces masses. Avons-
nous le droit d'offrir de la brioche ou même du
biscuit à une minorité, tandis que les masses laborieuses manquent même de pain noir? Ce que
je dis là, je ne le dis pas seulement au sens propre, comme il est trop naturel, mais aussi au
sens figuré. Ayons toujours devant les yeux les
ouvriers et les paysans. Apprenons à administrer pour eux, à faire pour eux nos calculs. Dans
le domaine de l'art et de la civilisation comme
dans les autres.

« Pour que l'art puisse aller au peuple, et le
peuple aller à l'art, il nous faut tout d'abord éle-
ver le niveau culturel général. Quelle est, à cet
égard, la situation de notre pays? Vous êtes
pleine d'admiration pour l'œuvre civilisatrice im-
mense que nous avons accomplie depuis que
nous avons pris le pouvoir. Certes, nous pouvons
dire, sans nous vanter, que nous avons beaucoup fait à ce point de vue. Nous n'avons pas
seulement « coupé des têtes » comme nous en
accusent les menchéviks de tous les pays et leurs
Kautskys; nous avons aussi fait la lumière dans
des têtes. Dans un grand nombre de têtes, le
nombre n'en est grand que par comparaison avec
le passé et si l'on se rappelle les péchés commis

par les classes et les castes qui dominaient jadis. Nous avons éveillé et surexcité chez les ouvriers et les paysans d'immenses besoins culturels auxquels il nous faut faire face. Pas seulement à Pétrograd et à Moscou, ou dans les centres industriels, mais encore en province et jusque dans les villages. Et nous sommes un peuple pauvre, extrêmement pauvre! Que nous le voulions ou non, les vieux resteront pour la plupart, au point de vue culture et civilisation, les sacrifiés, les déshérités. Certes, nous faisons la guerre, une guerre opiniâtre à l'analphabétisme. Nous installons des bibliothèques et des « baraques de lecture » dans les villes, grandes et petites et dans les villages. Nous organisons les cours les plus divers. Nous donnons de bonnes représentations théâtrales, de bons concerts. Nous envoyons dans tout le pays des « trains de culture » et des « expositions ambulantes ». Mais, je le répète, qu'est-ce que tout cela pour les millions d'hommes à qui font défaut les connaissances les plus élémentaires, la culture la plus primitive? Tandis qu'à Moscou dix mille hommes aujourd'hui et dix mille autres demain goûteront au théâtre l'ivresse d'un brillant spectacle, l'art que réclameront à grands cris des millions d'hommes, ce sera l'art d'épeler, d'écrire son nom et d'apprendre à compter; la culture dont ils auront faim, ce sera de savoir que la terre est une boule et non pas un disque, et que l'univers est régi par des lois naturelles et non point par le « Petit

Père céleste » d'un côté, les sorcières et les sorciers de l'autre ».

« Ne vous plaignez pas si amèrement de l'analphabétisme, camarade Lénine, interrompis-je. Il vous a sûrement facilité, dans une certaine mesure, la Révolution. Il a préservé les cerveaux des ouvriers et des paysans qui, grâce à lui, n'ont pas été bourrés de notions bourgeoises, contaminés par les idées bourgeoises. Votre propagande et votre agitation tombent sur un terrain vierge. Il est plus facile de semer et de récolter là où il n'est pas nécessaire de commencer par arracher toute une antique forêt ».

« Oui, c'est juste, répondit Lénine, mais seulement dans certaines limites, ou plus exactement, pour une certaine période de notre lutte. Bien sûr, l'analphabétisme se conciliait avec la lutte pour la prise du pouvoir, avec la nécessité de mettre en pièces l'ancien appareil étatique. Mais ne détruisons-nous donc que pour détruire? Nous détruisons pour construire une société meilleure. Or, l'analphabétisme se concilie mal, il ne se concilie pas du tout avec les tâches constructives! Ainsi que Marx l'a dit, cette construction doit être l'œuvre des ouvriers eux-mêmes, et, j'ajoute, des paysans, si tous veulent devenir libres. Cela est facilité par notre système soviétique. Grâce à lui, des milliers de travailleurs font actuellement dans les Soviets et dans les organes soviétiques l'apprentissage de la construction. Ce sont des hommes et des fem-

mes dans « la force de l'âge », comme on dit
chez vous. Pour nous, cela veut dire que la plupart d'entre eux ont grandi sous l'ancien régime, par conséquent sans instruction ni culture
d'aucune sorte. Ils travaillent à présent avec passion à acquérir l'une et l'autre. Nous faisons les
efforts les plus sérieux pour amener continuel-
lement d'autres hommes et d'autres femmes à
participer au travail soviétique, et pour faire
ainsi leur éducation pratique et théorique. Mais
malgré tout nous n'arrivons pas, tant s'en faut,
à satisfaire nos besoins en personnel apte aux
besognes d'administration et de contruction.
Nous sommes obligés de nous servir de bureaucrates à l'ancienne mode, et nous finirons par
avoir une bureaucratie. Je déteste la bureaucratie. Pas les bureaucrates individuellement. Eux
peuvent être des garçons de valeur. Mais je déteste le système. Il paralyse et corrompt de haut
en bas. Pour triompher du régime bureaucrati-
que et arriver à sa suppression définitive, c'est
l'éducation et l'instruction populaires répandues
le plus largement possible qui sont le facteur
capital. Et quelles sont nos perspectives d'avenir? Nous avons créé des institutions magnifi-
ques et pris des mesures excellentes afin que les
jeunes prolétaires et les jeunes paysans puissent
s'instruire, étudier, accéder à la culture. Mais là
aussi se pose la question qui nous torture :
« Qu'est-ce que tout cela pour tant et tant de
gens? » Il n'y a pas. Il s'en faut encore de beau-

coup que nous ayons assez de jardins d'enfants, de maisons d'enfants, d'écoles primaires. Des millions d'enfants grandissent sans éducation, sans instruction. Ils grandissent dans la même ignorance, dans la même absence de culture où ont grandi leurs pères et leurs grands-mères. Combien de talents ne sont-ils pas étouffés ainsi, combien de germes piétinés! C'est un crime atroce contre le bonheur de la génération montante et un vol commis au préjudice de cet Etat soviétique, qui va se transformer en société communiste. C'est un grave danger pour l'avenir! »

Dans la voix d'ordinaire si calme de Lénine grondait une indignation contenue. « Comme il faut que cette question lui tienne à cœur, pensais-je en moi-même; comme il se laisse entraîner, pour faire devant nous trois un discours d'agitation! » Quelqu'un, je ne me rappelle plus qui, fit des observations, plaidant les circonstances « atténuantes » en faveur de certaines manifestations caractéristiques de la vie artistique et culturelle, et les expliquant d'après la situation du moment. A quoi Lénine répliqua:

« Je sais bien. Il y a des gens qui sont sincèrement convaincus qu'ils vont surmonter les difficultés et les dangers du moment avec le *panem et circences. Panem*, certes! *Circences*, si l'on veut! Mais qu'on n'oublie pas que les spectacles du cirque ne sont pas de l'art véritable, ne sont pas du grand art; ils ne sont qu'une distraction plus ou moins belle. Qu'on n'oublie pas que nos ouvriers et nos paysans ne sont pas des miséreux, ils ne sont pas la plèbe romaine. Ce n'est pas l'Etat qui les entretient, c'est eux qui entretiennent l'Etat par leur travail. Ils ont « fait » la Révolution, et pour défendre leur œuvre ils ont consenti des sacrifices sans exemple, ils ont versé des flots de sang. Nos ouvriers et paysans méritent vraiment plus que *circenses*, ils ont droit à l'art vrai, au grand art. C'est pourquoi il faut, avant tout, répandre le plus largement possible l'instruction et l'éducation populaires. C'est cette éducation — en admettant que le pain soit assuré — c'est elle qui crée le terrain nécessaire à une civilisation, le terrain où poussera un art vraiment nouveau, vraiment grand, un art communiste, qui créera d'autres formes pour un autre contenu. Il y a là pour nos « intellectuels » des besognes immenses, mais aussi infiniment fécondes. Comprendre cette tâche et la réaliser, ce serait pour eux payer leur tribut à la Révolution prolétarienne, qui leur a ouvert comme aux autres les portes toutes grandes, qui les libère, qui les fait sortir de la condition misérable où ils étaient réduits à vivre, et que le *Manifeste Communiste* définit d'une façon si magistrale. »

Nous avons parlé cette nuit-là, — il s'était fait tard, — de bien d'autres questions. Mais à peine le bruit des paroles s'était-il éteint que cette conversation s'est à peu près effacée de mon esprit, alors qu'est restée très vive l'impression qu'avaient faite sur moi les déclarations de Lénine au sujet de l'art, de la civilisation, de l'instruction publique. « Avec quelle sincérité et quelle chaleur il aime le peuple du travail ! » Voilà la réflexion qui traversait mon esprit, alors que la tête échauffée, revenant chez moi par la nuit froide, je me remémorais ses propos. Et dire qu'il y a des gens qui prennent cet homme-là pour une froide machine à raisonner, pour un fanatique rigide imbu de formules qui ne voit dans les hommes que des « catégories historiques », et qui dispose d'eux dans ses calculs et dans ses jeux aussi froidement que si c'était des billes !

Une autre conversation avec Lénine est restée gravée dans ma mémoire et ne s'en effacera pas. J'avais été éprouvée, comme beaucoup d'Occidentaux venus à Moscou à cette époque-là, par le changement complet de genre de vie, et j'étais obligée de garder le lit. Lénine vint me rendre visite. Plein de sollicitude, comme la meilleure des mères, il voulut savoir si j'étais soignée et nourrie comme il fallait, si j'avais un bon médecin et si je ne désirais rien. J'apercevais derrière lui la chère figure de la camarade Kroupskaïa. Lénine doutait que tout fût vraiment si bien que je le lui disais. Il était fâché en particulier de me trouver logée au 4ᵉ étage d'un immeuble soviétique qui avait bien un ascenseur, mais en théorie, car dans la pratique, cet ascenseur ne fonctionnait pas. « C'est tout comme l'amour des gens de Kautsky pour la Révolution, tout comme leur volonté de la faire », affirma Lénine sur un ton sarcastique.

Très vite la barque de notre conversation s'engagea dans les eaux politiques.

L'armée rouge avait reculé, abandonnant la Pologne, et cet événement, pareil à une gelée tuant les fleurs des arbres, avait tué dans leur fleur les espoirs révolutionnaires que nous avions conçus — et bon nombre d'autres avec nous — alors que les troupes soviétiques, dans leur avance en coup de foudre, s'étaient trouvées devant V... Je dépeignis à Lénine les impressions diverses ressenties par l'avant-garde révolutionnaire du prolétariat allemand, par les socialistes à la Scheidemann et à la Dittmann, par la bourgeoisie et les classes moyennes, lorsque les « tovarichtchi », l'étoile soviétique à leur casquette, en vieux uniformes invraisemblables ou en civil, en chaussons d'écorce ou en bottes déchirées, caracolaient tout près de la frontière allemande sur leurs petits chevaux rapides. « Garderont-ils ou ne garderont-ils pas la Pologne? Passeront-ils la frontière? Et après? » Telles étaient les questions qui passionnaient alors les esprits en Allemagne et auxquelles les stratèges de brasserie répondaient en livrant de formidables batailles. D'ailleurs, dans toutes les classes, dans toutes les couches

sociales, on témoignait de beaucoup plus de
haine chauvine contre la Pologne des gardes
blancs, contre la Pologne impérialiste, que contre l' « ennemi héréditaire » français. Néanmoins, plus forte que la haine chauvine contre
la Pologne, plus forte que le respect religieux du
traité de Versailles, se manifestait la peur de la
Révolution dont on pouvait apercevoir la venue.
Devant elle, et le patriotisme grandiloquent, et
le pacifisme susurrant, se terraient également.
Bourgeoisie et classes moyennes, avec leur cor-
tége de réformistes venus des rangs du prolétariat, observaient ainsi, riant d'un œil et pleu-
rant de l'autre, le développement de la situation
en Pologne.

Lénine écouta attentivement les détails que
je lui donnai à ce sujet, et aussi sur l'attitude
du parti communiste, et sur celle des leaders réformistes du parti social-démocrate et des syndicats. Il garda quelques minutes le silence,
plongé dans ses réflexions. « Oui, dit-il enfin, il
n'y a pas à revenir sur ce qui s'est passé en P...;
peut-être les choses ne pouvaient-elles pas se
passer autrement. Vous connaissez bien toutes
les circonstances qui ont fait que notre avant-
garde, si téméraire, si sûre de la victoire, n'a pu
recevoir ni renforts, ni munitions, pas même du
pain sec en quantité suffisante. Elle a été obligée de réquisitionner du pain et d'autres choses
indispensables chez les paysans et les petits-
bourgeois polonais. Et ceux-ci ont vu dans les

soldats de l'armée rouge des ennemis et non des frères et des libérateurs. Ils n'ont en aucune façon senti, pensé, agi en socialistes, en révolutionnaires, mais en nationalistes, en chauvins, en impérialistes. Nous avions compté sur la révolution en Pologne et elle ne s'est pas produite. Les paysans et les ouvriers, trompés par les gens de Pilsudski et de Daszinski, défendirent leurs adversaires de classe, ils laissèrent crever de faim nos vaillants soldats rouges, ils les attirèrent dans des guets-apens et les tuèrent.

« Notre Budienny est certainement aujourd'hui le plus brillant commandant de cavalerie du monde entier. Naturellement, un paysan, comme vous le savez sans doute. Comme les soldats des armées de la Révolution française portaient dans leur giberne le bâton de maréchal, il le portait, lui, dans ses fontes. Il n'a pas de grandes connaissances militaires, mais il a, par contre, un remarquable instinct stratégique. Il est courageux jusqu'à la plus folle témérité. Il partage avec ses cavaliers les plus dures privations et les plus grands dangers, et ils se feraient couper en morceaux pour lui. Il vaut, à lui seul, plusieurs escadrons. Mais toutes les qualités de Budienny et d'autres commandants d'armées révolutionnaires n'ont pas pu compenser nos lacunes militaires et techniques, encore moins cette erreur de calcul politique qu'était notre espoir d'une révolution en Pologne. D'ailleurs Radek nous avait prédit ce qui allait se passer.

Il nous avait prévenus. Je me suis fâché sérieusement contre lui, je l'ai traité de « défaitiste ». Mais pour l'essentiel, c'est lui qui a eu raison. Il connaît, mieux que nous, la situation en dehors de la Russie, et notamment dans les pays occidentaux, et il a du talent. Je me suis dernièrement réconcilié avec lui. Il nous est très utile. Par téléphone : une longue conversation politique au milieu ou vers la fin de la nuit. Avec moi, c'est comme ça.

« Savez-vous que, dans le parti, le traité de paix avec la Pologne s'est heurté, au début, à une vive résistance? J'ai été violemment combattu, parce que j'étais partisan de l'acceptation des conditions de paix, qui sont, sans conteste, très favorables pour la Pologne et dures pour nous. Presque tous nos experts affirmaient qu'étant donné la situation en Pologne, et particulièrement l'état misérable des finances de ce pays, il eût été possible d'obtenir des conditions beaucoup plus favorables pour nous, si nous avions continué la guerre quelque temps seulement. Même une victoire complète de notre part n'eût pas été impossible. Si la guerre continuait, les antagonismes et les conflits nationaux en Galicie Orientale et dans d'autres parties du pays affaiblissaient considérablement la puissance militaire de la Pologne officielle et impérialiste. Malgré les subventions et les crédits de la France, les charges militaires croissantes et la détresse financière finiraient bien par soulever les paysans et les ouvriers. On donnait encore d'autres arguments pour montrer qu'en cas de continuation de la guerre, nos chances n'auraient pas cessé d'augmenter.

« Je crois même, dit Lénine, reprenant après une courte pause le fil de sa pensée, je crois que notre situation ne nous forçait pas de conclure la paix à tout prix. Nous pouvions tenir tout l'hiver. Mais j'ai considéré comme plus sage, plus politique de faire des concessions à l'adversaire, et les sacrifices momentanés imposés par une paix onéreuse m'ont paru moins coûteux que la continuation de la guerre. Les mots d'ordre pacifistes ne sont naturellement que des blagues. Mais nous utiliserons la paix avec la Pologne pour nous jeter, avec toutes nos forces, contre Wrangel et l'écraser de façon à en finir une fois pour toutes avec lui. Dans la situation actuelle, la Russie des Soviets ne peut que gagner si elle démontre par son attitude qu'elle ne fait la guerre que pour se défendre et défendre la Révolution; qu'elle est le seul grand État pacifique du globe; qu'elle n'a pas la moindre intention de conquérir de territoires, de soumettre des nations à son joug, de se précipiter dans des aventures impérialistes. Mais, d'abord, avions-nous le droit, sans y être poussés par la nécessité la plus impérieuse, de livrer le peuple russe aux horreurs, aux souffrances d'une nouvelle campagne d'hiver et nos héroïques combattants rouges, nos ouvriers et nos paysans, qui ont déjà souffert tant de privations, tant de misères ? Au lendemain des années de guerre impérialiste et de guerre civile, un autre hiver de guerre où des millions d'hommes auront faim, auront froid, mourront dans un morne désespoir ! Déjà, nous n'avons que tout juste de quoi vivre, de quoi nous habiller. Les ouvriers se plaignent, les paysans murmurent qu'on ne fait que leur demander et qu'on ne leur donne rien... Non, l'idée des souffrances d'une nouvelle campagne d'hiver était insupportable, il fallait faire la paix ».

Pendant que Lénine parlait ainsi, son visage s'était comme ratatiné sous mes yeux. Des rides sans nombre, grandes et petites, s'y étaient creusées profondément. Et chacune de ces rides était tracée par un souci grave, par une douleur poignante. Il y avait sur cette figure l'expression d'une souffrance indicible. J'étais toute saisie, remuée profondément. Je revoyais en esprit le Christ en croix de Grünewald, un maître du moyen âge. Je crois que ce tableau est connu sous le nom de « L'homme douloureux ». Il n'y a pas trace de ressemblance entre le crucifié de Grünewald et la célèbre figure du Guide, cette tendre victime pardonnant à ses ennemis, dont rêvent, comme au « divin fiancé », tant de vieilles filles ou de femmes mal mariées. Le crucifié de Grünewald est celui qu'on torture cruellement, qu'on martyrise jusqu'à ce qu'il en meure, celui qui « porte les péchés du monde ». Et je voyais devant moi Lénine, autre « Homme douloureux », portant son fardeau, transpercé, accablé par toute la peine, toutes les souffrances du peuple travailleur de Russie.

Il s'en alla quelques instants après. Il m'avait encore appris, entre autres choses, que dix mille vêtements de cuir fermant bien étaient commandés pour les soldats de l'armée rouge, qui avaient ordre de s'emparer par mer de Perekop. Mais avant même que ces vêtements fussent prêts, nous eûmes la très grande joie d'apprendre que les vaillants défenseurs de la Russie des Soviets, sous la direction non moins géniale qu'intrépide du camarade Piatakov, avaient pris d'assaut l'isthme de Perekop. Exploit militaire sans précédent, à mettre au compte des chefs et des soldats. Sur le front méridional non plus, il n'y a pas eu de campagne d'hiver...

*
* *

En 1921, le III⁰ Congrès mondial de notre Internationale et la II⁰ Conférence internationale des femmes communistes me conduisirent une seconde fois à Moscou, où je devais séjourner assez longtemps, dans une période lourde d'orages. Moins parce que les congrès tombaient dans la seconde quinzaine de juin et de la première de juillet, où le soleil darde ses rayons les plus brûlants sur les coupoles dorées et polychromes de la ville, qu'à cause de l'atmosphère

qui régnait alors dans les différents partis de
l'Internationale Communiste. Dans le Parti communiste allemand, notamment, elle était chargée
d'électricité; les orages, les éclairs et le ton-
nerre étaient des phénomènes quotidiens. Il y
avait parmi nous de ces pessimistes, qui ne s'é-
chauffent que quand ils croient pouvoir flairer
des malheurs, ceux-là prophétisaient la décom-
position, la fin du parti. Les communistes orga-
nisés dans la III° Internationale eussent été de
mauvais internationalistes si le parti allemand
avait pu discuter aussi passionnément des questions de théorie et de pratique sans que les camarades des autres pays, prenant feu à leur
tour, se jetassent dans la discussion. En réalité,
la « question allemande » intéressait toute l'Internationale, et, en ces jours-là, elle était même
devenue la question de l'Internationale Communiste. A la base de « l'action de mars », il y avait
la théorie dite « de l'offensive ». Et bien que
cette théorie n'eût été formulée d'une façon
claire et définitive qu'après coup, et pour jus-
tifier l'action de mars, elle était inséparable des
origines du mouvement. Dès lors, il était indis-
pensable que l'Internationale Communiste étu-
diant la situation économique politique mondiale, ne laissât absolument rien dans l'ombre.
Il était nécessaire qu'elle acquît de cette façon
une base solide pour la révision de ses principes
et la mise au point de sa tactique, pour l'accom-
plissement de sa tâche immédiate : mobiliser le

prolétariat, les masses travailleuses, en vue de l'action révolutionnaire.

Comme l'on sait, j'étais de ceux qui critiquaient le plus vivement l' « action de mars », dans la mesure où elle n'avait pas été une lutte de prolétaires, mais une action de parti mal comprise, mal préparée, mal organisée, mal dirigée et mal exécutée. Je combattais avec la dernière énergie cette « théorie de l'offensive » qu'on avait fabriquée si péniblement. En outre, j'avais encore un compte personnel à régler. La direction du parti allemand avait pris position, au sujet du congrès du parti socialiste italien (congrès de Livourne) et au sujet de la tactique de l'Exécutif, dans des conditions telles que, sans attendre au lendemain, j'avais donné avec éclat ma démission du Comité central. J'avais conscience d'un « manquement à la discipline », et il m'était pénible, très pénible de m'être mise par là en opposition violente avec ceux qui m'étaient le plus proches, tant au point de vue politique qu'au point de vue personnel, à savoir avec mes amis russes.

A l'Exécutif et dans le Parti russe, comme dans un grand nombre d'autres sections de l'Internationale Communiste, l' « action de mars » comptait beaucoup de défenseurs fanatiques qui la célébraient comme une action révolutionnaire de masses, menée par des centaines de milliers de prolétaires résolus. La « théorie de l'offensive » était considérée comme le nouvel Evangile de la Révolution. Je savais que des luttes extrêmement chaudes m'attendaient, et j'étais fermement décidée, puisqu'il s'agissait des principes et de la ligne politique générale du parti, à accepter le combat et à le mener jusqu'au bout, qu'il dût se terminer par la victoire ou par la défaite.

Que pense Lénine de tous ces problèmes? Lui qui sait, comme pas un, faire passer dans les faits les principes révolutionnaires marxistes, saisir les hommes et les choses dans leur liaison historique et mesurer les rapports des forces en présence? Est-il de la « gauche » ou de la « droite », car on appliquait naturellement l'étiquette de « droitiers » et d' « opportunistes » à quiconque ne célébrait pas sans réserves l' « action de mars » et la « théorie de l'offensive ». Tremblante d'impatience, j'attendais qu'on répondît de façon non équivoque à ces questions. Car il y allait pour l'Internationale Communiste des buts qu'elle se fixerait, de sa capacité d'action et de son existence même. Depuis que j'avais démissionné de la Centrale du parti allemand, les fils qui me reliaient à mes amis de Russie étaient cassés : je ne correspondais plus là-bas avec personne. Dès lors, l'opinion de Lénine sur l' « action de mars » et la « théorie de l'offensive » ne m'était connue que par des on-dit et des suppositions, que les uns révoquaient en doute tandis que les autres les prenaient énergiquement à leur compte. Une longue conversation que j'eus avec lui à ce sujet, quelques jours après mon arrivée, me renseigna d'une façon qui ne laissait place à aucun malentendu.

Lénine me demanda tout d'abord des renseignements sur la situation en Allemagne, la situation en général, et la situation à l'intérieur du parti. Je m'efforçai de les lui donner avec le plus de clarté et d'objectivité possible, en citant des faits et des chiffres. Lénine m'interrompait de temps en temps pour me poser des questions et mettre les points sur les i, et prenait rapidement quelques notes. Je ne cachai rien de mes craintes concernant les dangers auxquels étaient exposés, selon moi, le parti allemand et l'Internationale Communiste, si le Congrès mondial en venait à consacrer la « théorie de l'offensive ». Lénine éclata de son bon rire plein d'assurance.

« Depuis quand êtes-vous donc au nombre des broyeurs de noir? demanda-t-il. Soyez tranquille! Au congrès, il n'y en aura pas que pour les « théoriciens de l'offensive »! Nous sommes bien encore là, nous autres! Croyez-vous que nous ayons fait la Révolution sans en avoir tiré aucun enseignement? Et nous voulons que vous aussi vous profitiez de ces enseignements. Et d'ailleurs, est-ce que c'est une théorie? Pas le moins du monde, c'est une illusion, c'est du romantisme, pas autre chose que du romantisme! Aussi a-t-elle été fabriquée au « pays des penseurs et des poètes », avec l'aide de mon cher

Bela Kun, qui, lui aussi, appartient à une nation
très douée au point de vue poétique, et qui se
croit obligé d'être toujours plus à gauche que la
gauche. Que les poètes fassent des rêves ! Nous,
nous n'en avons pas le droit. Ce qu'il faut, si
nous voulons accepter le combat contre la bourgeoisie et remporter la victoire, c'est que nous
envisagions froidement, d'un regard que ne
trouble pas la passion, la situation économique
et politique mondiale. Et nous voulons la victoire, il faut que nous l'ayons. Il faut que la
décision du congrès sur la tactique de l'Internationale Communiste et sur toutes les questions
litigieuses qui s'y rattachent s'accorde avec nos
thèses sur la situation économique internationale. Il faut que tout cela fasse un tout. Pour le
moment, nous écoutons encore davantage Marx
que Thalheimer ou Bela, encore que Thalheimer ait l'étoffe et la formation d'un bon théori-
cien et que Bela soit un excellent révolutionnaire
et qu'on puisse compter sur lui. La révolution
russe offre tout de même encore plus d'enseignements que « l'action de mars » allemande.
Je le répète, je ne suis pas inquiet au sujet de la
position que prendra le congrès. »

J'interrompis Lénine en disant :

« Le congrès a également à dire comment il
juge l' « action de mars », car n'est-elle pas le
fruit, la mise en pratique de la « théorie de l'offensive », l'exemple historique qui illustrera
cette théorie? La pratique peut-elle se séparer

de la théorie? Mais je vois qu'il y a ici un grand nombre de camarades qui, tout en rejetant la « théorie de l'offensive », défendent passionnément « l'action de mars ». Je trouve cela illogique. Certes, nous nous inclinerons avec une sympathie sincère devant les prolétaires qui se sont battus pour répondre aux provocations policières d'Hoersing, et ont voulu défendre leur bon droit. Nous proclamerons notre solidarité avec eux, qu'ils soient des centaines de mille, comme veulent le faire croire les conteurs de fables, ou seulement quelques milliers. Mais notre Centrale, en adaptant ses principes et sa tactique à l' « action de mars », a fait tout autre chose. Elle est tombée dans le péché de putschisme. Les faits restent les faits en dépit de tous les maquillages, théoriques, historiques ou littéraires. A laver la tête d'un nègre... »

« Naturellement, il ne faudrait pas juger de la même manière l'action défensive de prolétaires prêts à la lutte et l'action offensive du parti mal conseillé, ou plutôt de la direction de ce parti. » Lénine dit cela vivement et d'un ton très net. « Mais vous autres, adversaires de l' « action de mars », c'est un peu votre faute si cette différenciation n'a pas été faite. Vous n'avez vu que les graves erreurs politiques de la Centrale et leurs conséquences fâcheuses et vous n'avez pas vu les ouvriers en lutte en Allemagne moyenne. En outre, la critique purement négative de Paul Lévi, d'où était absent tout

sentiment de solidarité avec le parti, a irrité les
camarades davantage peut-être par son ton que
par son contenu, elle a détourné l'attention des
éléments les plus importants du problème. En
ce qui concerne la position probable du congrès
vis-à-vis de l' « action de mars », prenez garde
qu'il nous faut absolument trouver une base
pour un compromis. Parfaitement, Quand vous
me regarderiez avec étonnement et quand je
verrais des reproches dans vos yeux, vous et vos
amis, il faudra avaler un compromis. Il faudra
vous contenter de rapporter chez vous la part
du lion dans les dépouilles du congrès. Votre ligne politique vaincra, et même brillamment.
Cela empêchera le retour d'une « action de
mars ». Les décisions du congrès devront être
appliquées sévèrement. L'Exécutif y veillera, je
n'en doute pas.

« Le congrès tordra le cou à cette fameuse
« théorie de l'offensive », il sanctionnera la tactique qui répond à vos conceptions. En revanche, il faudra qu'il console les partisans de la
« théorie de l'offensive » en leur donnant quelques miettes. Ce n'est pas impossible si, quand
nous aurons à juger l' « action de mars », nous
nous attachons à faire ressortir que ce sont des
prolétaires provoqués par les laquais de la bourgeoisie qui ont pris les armes, et si pour le reste
nous ne nous opposons pas à ce qu'on en use
avec une certaine indulgence... paternelle, avec
l'indulgence de l'histoire. Vous, Clara, vous ne

voudrez pas vous laisser faire, n'est-ce pas? vous protesterez que c'est un étouffement, et patati et patata. Cela ne vous servira de rien. Le congrès doit se prononcer pour une tactique. Si l'on veut que cette tactique soit appliquée le plus rapidement possible et sans trop de résistances, il ne faut pas que nos chers camarades de gauche rentrent chez eux par trop humiliés et par trop irrités. Il faut penser aussi, il faut penser d'abord et surtout, à l'état d'esprit des ouvriers véritablement révolutionnaires dans le parti et en dehors du parti. Vous m'avez écrit une fois que nous devrions, nous, les Russes, essayer de comprendre un peu la psychologie occidentale et ne pas passer tout de suite notre rude balai de brindilles sur la figure des gens. Je me le suis tenu pour dit. » Lénine eut un sourire de satisfaction. « Eh bien, nous ne voulons pas tout de suite passer notre balai sur la figure de ceux de gauche, nous voulons même étendre un peu de baume sur leurs plaies. Nous voulons que bientôt, d'accord avec vous, ils se mettent joyeusement et énergiquement à l'ouvrage, pour appliquer la tactique du 3ᵉ congrès de notre Internationale. Car cette tactique signifie : mobiliser de larges masses prolétariennes, les rassembler sur la ligne de notre politique, et sous la direction des communistes, les jeter dans la lutte contre la bourgeoisie, dans la lutte pour la conquête du pouvoir. D'ailleurs, les lignes fondamentales de la tactique à suivre

sont indiquées clairement dans la résolution
que vous avez soumise au Comité central. Cette
résolution n'avait pas du tout un caractère négatif, comme la brochure de Paul Lévi; avec
toutes les critiques qu'elle contenait, elle était
très positive. Comment a-t-il bien pu se faire
qu'on l'ait repoussée? Et d'ailleurs, après quelle
discussion? Et pour quelles raisons? D'autre
part, comme c'était impolitique de prendre une
pareille position! Au lieu d'exploiter l'opposition entre « positif » et « négatif » pour vous
séparer de Lévi, on vous a poussée de son côté
à coups de trique, il n'y a pas moyen de dire
autrement. »

— « Est-ce que vous croiriez par hasard, cher
camarade Lénine, interrompis-je, qu'il faut me
donner, à moi aussi, quelques miettes pour me
consoler d'avoir à avaler un compromis? Avec
moi, pas besoin de consolation ni de baume. Ça
passera tout de même. »

— « Non, non, protesta Lénine, ce n'est pas
ce que j'ai voulu dire. Pour vous le prouver, je
vais vous administrer tout de suite une bonne
volée de bois vert. Dites-moi donc, comment
avez-vous pu commettre une sottise de cette
taille, parfaitement, une sottise de première
grandeur, et lâcher la Centrale? Où diable aviez-
vous donc la tête? Cela m'a révolté. Perdre la
tête et agir ainsi sans vous préoccuper des conséquences de votre acte, sans un mot pour nous
avertir et nous demander notre avis! Pourquoi

n'avez-vous pas écrit à Zinoviev, ou bien à moi? Vous pouviez tout au moins envoyer un télégramme. »

J'exposai à Lénine les raisons qui avaient motivé ma décision. Si elle avait été brusque, c'est qu'elle était commandée par la situation d'alors. Il ne voulut pas admettre mes raisons.

« — Ah quoi! s'écria-t-il avec vivacité, le mandat que vous aviez à la Centrale, ce n'est pas des camarades de la Centrale, mais du parti tout entier que vous le teniez. Cette confiance que le parti vous avait donnée, vous n'aviez pas le droit d'en faire bon marché. »

Comme Lénine me trouvait peu disposée au repentir, il continua à critiquer très vivement ma démission de la Centrale, et il ajouta sans transition :

« Faut-il considérer comme une punition méritée, le fait qu'on s'est livré hier, à la conférence des femmes, à une attaque en règle contre vous, qui étiez représentée comme incarnant le pire opportunisme? Sous la direction personnelle de cet excellent Reuter (de la Frise) qui, à ma connaissance, a participé hier pour la première fois au travail communiste parmi les femmes. C'était de la bêtise, purement et simplement. Aller s'imaginer que l'on pourrait sauver la « théorie de l'offensive » en vous attaquant par derrière à la conférence des femmes! Il est vrai qu'il y avait là-dessous d'autres cal-

culs et d'autres espoirs. J'espère que vous pren-
drez l'affaire du bon côté au point de vue politique, encore qu'elle vous ait, au point de vue
personnel, un arrière-goût fort désagréable. Ne
jamais regarder que les ouvriers, que les masses,
ma chère Clara, ne penser qu'à elles et au but
que nous devons atteindre, et ces misères-là seront parfaitement négligeables. Mais auquel de
nous resteraient-elles épargnées? J'en ai eu ma
bonne part, vous pouvez m'en croire. Que ne
m'a-t-il pas fallu avaler? Mais revenons à vos
péchés. Donnez-moi votre promesse que vous ne
manquerez plus de réflexion au point de faire
un coup pareil, sinon, c'en est fait de notre ami-
tié! »

Après cet intermède, notre conversation revint
à la question principale. Lénine exposa dans ses
grandes lignes sa conception de la tactique de
l'Internationale Communiste, telle qu'il l'exposa
dans la suite au Congrès dans son remarquable
discours, si lumineux, après l'avoir défendue
en commission, avant le congrès, en lui donnant
une tournure polémique plus accusée. « La première vague de la Révolution s'est retirée. La
deuxième ne s'est pas encore levée, déclara-t-il.
Il serait dangereux de nous faire des illusions
là-dessus. Nous ne sommes pas Xerxès qui faisait fouetter la mer avec des chaînes. Mais constater des faits et en tenir compte, cela voudrait-
il dire qu'on n'agit pas, qu'on renonce? En aucune façon! Apprendre, apprendre, apprendre!

Agir, agir, agir! Etre prêts, archiprêts, de façon à pouvoir utiliser de toute notre énergie consciente la prochaine vague révolutionnaire. Voilà
ce qu'il faut. Faisons sans nous lasser de l'agitation, de la propagande de parti pour en arriver à l'action de parti, mais gardons-nous de
croire que cette action de parti puisse remplacer
l'action de masse. Combien n'avons-nous pas,
nous autres, bolchéviks, travaillé parmi les masses, jusqu'au moment où nous avons pu nous
dire : Maintenant nous y sommes, en avant!
Donc se rapprocher des masses! Conquérir les
masses! C'est la condition préalable de la conquête du pouvoir. En vérité, si le congrès adopte
cette position, vous pourrez être satisfaits, vous
autres, adversaires de l'action de mars ».

— « Et sur Paul Lévi, quel est votre sentiment?
celui de vos amis? quelle va être l'attitude du
congrès à son égard? Il y avait longtemps que
ces questions me brûlaient les lèvres ». Paul
Lévi, répondit Lénine, c'est un cas spécial. Il y
a malheureusement maintenant une affaire Lévi.
La faute en est principalement à Paul lui-même.
Il s'est écarté de nous et, dans son entêtement, il
est allé se jeter dans une impasse. Vous avez bien
dû vous en convaincre, vous qui avez fait tant
d'agitation dans les délégations. Avec moi, vous
n'aurez pas besoin d'agitation. Vous savez combien j'estime Paul Lévi et combien j'apprécie
ses capacités. Je l'ai connu en Suisse et j'ai mis
des espoirs en lui. Il a fait ses preuves à l'épo-

que des pires persécutions, il s'est montré courageux, intelligent, capable des plus grands dévouements. Je croyais qu'il était fermement attaché au prolétariat, bien que j'aie eu l'impression d'une certaine froideur dans ses rapports avec les ouvriers, quelque chose comme le désir de garder ses distances. Mais quand sa brochure a été publiée, j'ai eu des doutes sur lui. Je crains qu'il n'y ait chez lui un besoin marqué d'originalité, une tendance à l'arrivisme et même quelque chose de la vanité des gens de lettres. Il était nécessaire de faire une critique impitoyable de l' « action de mars ». Mais qu'a fait Paul Lévi ? Il s'est jeté sur le parti comme une bête féroce et il l'a déchiré. Non seulement sa critique est tout à fait exagérée, unilatérale, et même méchante, mais elle ne fournit aucune indication permettant au parti de s'orienter. Tout esprit de solidarité avec le parti en est absent. Et c'est ce qui a révolté si fort les camarades du rang et les a rendus sourds et aveugles pour les nombreuses choses justes qu'il y a dans la critique de Paul Lévi et notamment pour la façon très juste dont il a envisagé le problème politique fondamental. Et c'est ainsi qu'est né un état d'esprit, qui a d'ailleurs gagné les camarades en dehors de l'Allemagne ; pour ceux qui sont dans cet état d'esprit, l'unique objet de la discussion c'est maintenant la brochure et spécialement la personne de Lévi, et non plus la question de savoir si la théorie de l'offensive est fausse et si

l'application qu'en a faite la « gauche » est mau-
vaise. C'est à Paul Lévi que la « gauche » doit
de s'en être si bien tirée jusqu'ici. Paul Lévi est
à lui-même son pire ennemi ».

Je ne pouvais rien objecter à ces dernières
paroles; en revanche, je protestai énergiquement contre les autres déclarations de Lénine.
Paul Lévi, dis-je, n'est pas un littérateur vani-
teux, infatué de lui-même. Ce n'est pas un arri-
viste politique. Le malheur a voulu qu'on lui ait
donné tout jeune la direction du parti. Mais il
ne l'a pas désirée. Après l'assassinat de Rosa,
de Karl et de Léo, il a été obligé de la prendre,
mais il a regimbé plus d'une fois contre cette
nécessité. C'est un fait. Si nos camarades ne se
sentent pas en confiance avec lui, et s'il vit soli-
taire, je suis cependant convaincue que toutes
les fibres de son être l'attachent au parti, aux
ouvriers. Il a été remué jusqu'au tréfonds par
cette malheureuse « action de mars ». Il était
convaincu qu'elle avait étourdiment mis en jeu
l'existence du parti et gaspillé ce pour quoi
Karl, Rosa et Léo, et tant d'autres, avaient
donné leur vie. Il a pleuré, littéralement pleuré
de douleur, à la pensée que le parti était perdu.
Il ne pensait pouvoir le sauver qu'en employant
les moyens extrêmes. Il a écrit sa brochure dans
l'état d'esprit du Romain de la légende se préci-
pitant volontairement dans l'abîme ouvert devant lui, pour sauver sa patrie par le sacrifice
de sa vie. Les intentions de Paul Lévi étaient

parfaitement pures et désintéressées. Il voulait guérir et non pas détruire.

— « Je ne discuterai pas avec vous sur ce point, répliqua Lénine. Vous êtes pour Lévi un meilleur avocat qu'il ne le serait lui-même. Mais ne savez-vous pas qu'en politique, ce qui importe, ce ne sont pas les intentions, mais les résultats. Est-ce que vous n'avez pas en Allemagne un proverbe qui dit à peu près : « L'enfer est pavé de bonnes intentions »? Le congrès condamnera P. Lévi, il usera de rigueur à son égard. C'est inévitable, mais Lévi ne sera condamné que pour manquement à la discipline et pas du tout pour la position qu'il a prise sur les principes politiques. Au reste, comment cela se pourrait-il, du moment que cette position est reconnue comme étant en réalité la bonne? De cette façon, nous laissons libre la voie qui le ramènera à nous. Puisse-t-il ne pas se fermer lui-même cette voie? Son sort politique est entre ses mains. Qu'il se soumette en communiste discipliné à la décision du congrès et qu'il disparaisse pour quelque temps de la vie politique. Il va le trouver dur, c'est certain. Je me mets à sa place et je le plains sincèrement, croyez-le bien! Mais il ne m'est pas possible de lui épargner cette rude épreuve.

« Il faut qu'il en prenne son parti, de même que nous autres, Russes, sous le tsarisme, nous allions en exil ou en prison. Il pourra pendant cette période se livrer avec ardeur à l'étude, et travailler dans le calme à se mettre d'accord avec lui-même. Il n'est pas encore vieux, et il n'est pas vieux non plus dans le parti. Ses connaissances théoriques sont pleines de lacunes; en économie politique, il n'en est encore pour bien dire qu'à l'A B C du marxisme. Quand il nous reviendra, sa formation sera approfondie, ses principes plus fermes, et il fera un chef de parti plus sage. Il ne faut pas que nous perdions Lévi. A la fois pour lui et pour la cause. Nous n'avons pas des hommes de talent à revendre, il faut que nous fassions notre possible pour garder ceux que nous avons. Et si l'opinion que vous avez de Paul Lévi est exacte, sa séparation définitive de l'avant-garde révolutionnaire du prolétariat lui causerait une blessure inguérissable. Raisonnez-le amicalement, aidez-le à voir les choses telles qu'elles sont, du point de vue général, et non du point de vue personnel de l'homme qui veut avoir raison à tout prix. Je vous appuierai. Si Lévi se soumet à la discipline, s'il se conduit bien (il pourrait, par exemple, collaborer à la presse du parti en gardant l'anonymat, rédiger quelques bonnes brochures, etc...), je n'attendrai pas plus de trois ou quatre mois pour demander dans une lettre ouverte sa réhabilitation. C'est l'épreuve du feu qu'il va avoir à subir. Espérons qu'il s'en tirera à son honneur. »

Je soupirai. J'éprouvai un frisson à la pensée que j'étais devant quelque chose d'inévitable, et

dont les répercussions étaient imprévisibles.
« Cher Lénine, dis-je, faites ce que vous pourrez. Vous autres, Russes, vous avez la main
leste pour battre. Vos bras s'ouvrent vite pour
l'accolade. Je sais, d'après l'histoire de votre
parti, que vous maudissez et bénissez tour à
tour, avec la mobilité du vent qui passe sur vos
steppes.

« Nous autres « Occidentaux », nous avons
le sang lourd. Toute notre histoire pèse sur
nous comme un cauchemar, pour parler comme
Marx. Je vous le demande encore une fois ins-
tamment, faites ce que vous pourrez pour que
nous ne perdions pas Paul Lévi. » Lénine répondit : « Soyez sans crainte. Je tiendrai ma
promesse. Pourvu que Paul lui-même ne se
laisse pas aller ». Et Lénine prit sa casquette, sa
modeste casquette déjà usagée, et s'en alla de
son pas tranquille, énergique.

Les « opposants » qui faisaient partie de la
délégation allemande — les camarades Malzahn,
Neumann, Franken et Müller — avaient comme
de juste le désir très vif de se rencontrer avec
Lénine, pour lui apporter, sur le caractère et les
conséquences de l' « action de mars », les renseignements de gens au courant. Le camarade
Franken était délégué d'une région de la Rhé-
nanie, les trois autres représentaient des syndicats. Ils considéraient avec raison qu'il impor-
tait de faire connaître au chef incontesté de
l'Internationale Communiste le sentiment de

larges couches de prolétaires en qui la conscience de classe et l'esprit révolutionnaire étaient également éveillés, et de lui exprimer en outre leur opinion personnelle sur la « théorie de l'offensive » et sur la tactique qui s'imposait, d'après eux. Ils tenaient naturellement beaucoup aussi à connaître le point de vue personnel de Lénine sur les questions qui les intéressaient. Lénine trouva « tout naturel » d'accéder au désir de ces camarades. On convint donc du jour et de l'heure où il les rencontrerait chez moi. Les camarades arrivèrent quelques instants avant lui, car nous avions à nous entendre au sujet de notre intervention au congrès.

Lénine était d'une grande ponctualité. À l'heure, presque à la minute fixée, il entra, de la façon naturelle qui était la sienne; c'est à peine si les camarades, plongés dans leur discussion, s'aperçurent de son entrée. « Bonjour, camarades! » Il leur serra la main à tous, et s'assit au milieu d'eux pour prendre part immédiatement à l'entretien. Moi, j'étais habituée à ces façons, et puis il était évident qu'il n'y avait pas de camarades qui ne connût Lénine. Aussi n'eusje pas l'idée de le présenter aux camarades. Il y avait peut-être dix minutes que nous causions tous ensemble, quand un camarade me prit à part et me demanda à voix basse : « Dites donc, camarade Clara, qui est ce camarade, au fait? » — « Ne l'avez-vous pas reconnu? répondis-je, mais c'est le camarade Lénine! » — « Pas possible, dit notre ami. Moi qui me disais : c'est un personnage, il va nous faire marcher. Le dernier des camarades ne peut pas être plus simple, plus bon garçon. Il faut voir avec quelle importance notre ex-camarade Hermann Muller promène au Reichstag les basques de sa redingote maintenant qu'il a été chancelier. »

Il me sembla que les camarades de l'opposition et Lénine s'examinaient réciproquement. Il était visible que, pour Lénine, la grande affaire était d'écouter, de comparer, de constater, de s'orienter et non pas de parler, de placer un « article de tête », encore qu'il ne fît pas mystère de son opinion. Il ne se lassait pas de poser des questions et suivait avec une extrême attention les explications des camarades, à qui il demandait souvent d'éclaircir ou de compléter quelque point. Il souligna fortement l'importance d'un travail méthodique, organisé, parmi les larges masses ouvrières, ainsi que la nécessité de la centralisation et d'une discipline inflexible. Lénine me déclara plus tard qu'il avait été très satisfait de cette entrevue. « Ils sont épatants, ces ouvriers allemands, ces types comme Maltzahn et ses amis! Sans doute, je ne les vois guère avaler du feu à la foire aux paroles révolutionnaires. Je ne sais pas s'ils feront une troupe de choc, mais il y a une chose dont je suis sûr : ce sont des gens comme eux qui forment les larges colonnes aux rangs solides du prolétariat révolutionnaire, c'est sur leur force indomptable que tout repose dans les usines et dans les syndicats. Voilà les éléments qu'il faut grouper et rendre actifs. C'est par eux que nous sommes en liaison avec les masses. »

Ouvrons ici une parenthèse où il ne sera pas question de politique. Quand Lénine venait me voir, c'était jour de grande fête pour tout le monde à la maison. Depuis les soldats rouges qui montaient la garde devant la porte jusqu'à la jeune servante de la cuisine, sans parler des délégués du Proche et de l'Extrême-Orient qui étaient logés comme moi dans la très spacieuse villa que la Révolution avait enlevée à un riche industriel pour en faire la propriété de la Commune de Moscou. « Wladimir Illitch est arrivé! » La nouvelle volait de bouche en bouche. Tous étaient aux aguets. Ils s'assemblaient dans le grand vestibule ou à la porte de la maison pour saluer Lénine et lui faire signe. Une joie intense transfigurait les visages, quand il passait devant eux, les saluant de son bon sourire, et adressant quelques mots à l'un ou à l'autre. Il n'y avait pas ombre d'humilité, encore moins de servilisme d'un côté, pas une trace de condescendance et d'affectation de l'autre. Les soldats rouges, les ouvriers, les employés, les délégués du Daghestan, de la Perse, avec ces Turcomans en costumes des Mille et une nuits que Paul Lévi a rendu si célèbres, tous aimaient en Lénine un des leurs, et lui-même se sentait l'un d'entre eux. Unis dans un sentiment de profonde fraternité, ils étaient tous de la même race.

Au cours des débats sur le rapport remarquable, approfondi de Trotsky sur *La situation économique et les nouvelles tâches de l'Internationale Communiste*, pas plus dans les séances des commissions qu'à l'assemblée plénière du congrès, les partisans de la « théorie de l'offensive » n'avaient obtenu de succès. Ils espéraient cependant faire triompher leur point de vue au moyen d'amendements modifiant ou complétant les thèses sur *La tactique de l'Internationale Communiste*. Ces amendements furent déposés par les délégations allemande, autrichienne et italienne. Le camarade Terracini les défendit. On fit une agitation intense pour les faire adopter. Quelle allait être la sentence du congrès? Une atmosphère d'attente inquiète emplit la haute et vaste salle du Kremlin, où le rouge lumineux de la Maison du peuple communiste enlève toute froideur et toute pompe à l'or éclatant de l'ancien palais impérial. Les nerfs tendus par l'attention, les centaines de délégués et le public en rangs serrés, suivent la discussion.

Lénine prend la parole. Le discours qu'il fait est un chef-d'œuvre de son éloquence. Pas la moindre fleur de rhétorique. Tout l'effet est produit par la vigueur et la clarté de la pensée, la logique impitoyable de l'argumentation, la rigueur avec laquelle la ligne est suivie. Lancées comme des blocs de pierre non équarris, les phrases tombent et s'assemblent, et le tout qu'elles forment a son unité. Lénine ne veut pas éblouir, il ne veut pas entraîner, il veut convaincre. Il convainc et il entraîne. Non pas par les belles paroles sonores qui enivrent, mais plutôt par l'esprit lumineux qui, sans se faire illusion à lui-même, saisit dans sa réalité le monde des phénomènes sociaux, et « exprime ce qui est » avec une sincérité féroce. Tantôt comme des coups de fouet qui cinglent, tantôt comme des coups de massue qui assomment, les arguments de Lénine s'abattent sur ceux « qui font un sport de la lutte contre la droite » et ne voient pas ce qui nous mènera à la victoire. Ce n'est que si la majorité de la classe ouvrière vient nous rejoindre dans la lutte, et non pas seulement la majorité des ouvriers, mais la majorité des exploités et des opprimés, c'est alors seulement que nous aurons véritablement la victoire. »

Tout le monde a le sentiment que la bataille décisive vient d'être livrée. Pleine d'enthousiasme, j'allai serrer la main de Lénine et ne pus m'empêcher de lui dire : « Vous savez, Lénine, chez nous, celui qui présiderait une réunion dans une petite localité de rien aurait peur de parler aussi simplement que vous. Il craindrait de ne pas être assez « cultivé ». Je ne connais qu'un seul pendant à votre genre d'éloquence, et c'est le grand art de Tolstoï. C'est la même ligne majestueuse, ferme, pleine, le même esprit de vérité impitoyable. Cela est beau. Serait-ce par hasard un trait spécifiquement slave? » — « Je n'en sais rien, répondit Lénine. Je ne sais qu'une chose, c'est que, quand je me suis fait orateur, j'ai toujours pensé aux ouvriers et aux paysans, comme si c'était eux qui m'écoutaient. C'est d'eux que je voulais être compris. En quelque lieu qu'un communiste prenne la parole, il faut toujours qu'il pense aux masses, il faut qu'il parle pour elles. Il est d'ailleurs heureux que personne n'ait entendu vos considérations de psychologie nationale. Autrement, il se pourrait qu'on dise : Tiens, tiens. Le vieux écoute les compliments. Il se laisse entortiller. Il faut que nous prenions garde, sinon on va soupçonner les deux vieux de conspirer contre la gauche. Bien entendu, la gauche, elle, n'intrigue pas et ne complote pas. » Avec un grand rire, Lénine quitta la salle pour aller à sa besogne.

Le jour de mon départ, Lénine vint me trouver pour me dire adieu et pour me donner les « bons conseils » dont j'avais besoin, à son avis. « Naturellement, vous n'êtes pas complètement satisfaite des résultats du congrès, dit-il. Vous ne cachez pas que vous trouvez illogique de la part du congrès de se placer au point de vue des principes et de la tactique sur la même ligne que P. Lévi, et néanmoins de l'exclure. Mais il fallait une punition. Je ne fais pas seulement allusion aux fautes de Lévi, dont je vous ai déjà parlé.

Je songe encore en particulier aux difficultés que nous aurons de son fait à appliquer la tactique de la conquête des masses. Il faut que, lui aussi, il reconnaisse ses fautes, qu'il les avoue, pour qu'on en tire un enseignement et, avec ses capacités politiques, il reprendra bientôt la direction du parti. »

— « Je crois, répondis-je, qu'il y aurait un moyen pour Paul de se soumettre à la discipline de l'Internationale Communiste, sans se diminuer en rien à son point de vue personnel. Il résignerait son mandat de député au Reichstag et interromprait la publication de sa revue; dans le dernier numéro qu'il donnerait, il apprécierait d'un point de vue très élevé, du point de vue même de l'histoire, et avec une entière objectivité, l'œuvre de notre troisième congrès mondial. Ce qui n'exclut naturellement pas la critique de cette œuvre, mais l'implique au contraire. Qu'il déclare encore que le jugement rendu contre lui par le congrès lui paraît injuste, qu'il le trouve illogique, mais que, néanmoins, dans l'intérêt de la cause, il se soumettra. Par cet acte de virile maîtrise de soi-même, Paul Lévi ne pourrait que gagner, à la fois comme homme politique et comme homme privé. Il prouverait ainsi que les soupçons déshonorants de ses adversaires sont dépourvus de fondement, et que, pour lui, le communisme passe avant toute chose. »

— « Votre proposition est tout à fait excellente, déclara Lénine, mais celui qu'on a exclu s'y ralliera-t-il ? Je souhaite, en tout cas, que l'événement confirme le jugement que vous portez sur Paul Lévi, et que ce soit votre chaleureux optimisme qui ait raison contre le pessimisme de tant d'autres. Je vous promets encore une fois de demander dans une lettre ouverte la réintégration de Lévi dans le parti, à moins qu'il ne rende lui-même la chose impossible. Mais revenons à l'essentiel. Dans l'ensemble, les décisions de notre 3° congrès doivent nous remplir de satisfaction. Elles ont une portée historique considérable et représentent effectivement un « tournant » dans l'histoire de l'Internationale Communiste. Elles marquent le terme de la première étape dans l'évolution qui en fera un parti révolutionnaire des masses. Aussi le congrès était-il obligé d'en finir une bonne fois avec les illusions de la gauche : croit-on vraiment que la Révolution mondiale déchaînée poursuit sa course à l'allure emportée qui fut celle de ses débuts, que nous sommes portés par une deuxième vague révolutionnaire et qu'il dépend uniquement de la volonté et de l'action du parti d'enchaîner la victoire à nos drapeaux ? Naturellement, sur le papier et dans une salle de congrès, dans un espace où l'on fait le vide, que l'on a soustrait aux contingences, il est facile de « faire » la révolution sans les masses, d'en faire « le glorieux exploit d'un seul parti ». En fin de compte, ce n'est pas là une conception révolutionnaire, mais une conception de bourgeois, de philistins. C'est dans l' « action de mars » en Allemagne et dans la « théorie de l'offensive » que les « sottises de gauche » ont trouvé leur expression la plus nette, leur expression concrète. C'est ce qui fait qu'il a fallu liquider ces sottises sur votre dos et que c'est vous qui avez reçu le fouet. Mais en réalité, le règlement de compte était affaire internationale.

« Maintenant, vous autres, en Allemagne, il faudra que vous soyez un parti uni, sans faiblesse, pour appliquer la tactique qui a été votée. Ce qu'on a appelé le « traité de paix » entre vous, cet arrangement dont nous avons été les artisans, ne constitue pas, à lui seul, une base solide pour votre action future. Ce ne sera qu'un chiffon si vous ne mettez rien derrière, si tous, tant que vous êtes, de la gauche comme de la droite, vous n'avez pas la volonté sincère, loyale d'agir en tant que parti sur une ligne politique claire, précise. Aussi est-il absolument nécessaire que vous entriez au Comité central, malgré vos répulsions et vos révoltes. Et il ne faudra pas en ressortir un beau jour, même s'il vous paraît personnellement que vous avez le droit et même le devoir de le faire. En fait de droit, vous n'avez que celui de servir le prolétariat en servant le parti, dans une période difficile. Quant à votre devoir, il est actuellement de maintenir l'unité du parti. Vous me répondrez personnellement qu'il n'y aura pas de scission, tout au

plus pouvons-nous admettre quelques départs.
Il faudra être sévères pour les jeunes camarades
qui n'ont pas encore une forte formation doc-
trinale et une grande expérience pratique, et il
faudra en même temps avoir beaucoup de patience avec eux. Je vous demanderai de vous in-
téresser particulièrement au camarade Reuter
(de la Frise). Il a travaillé chez nous pendant
plusieurs années avec beaucoup de zèle, et il a
fait de bonne besogne. Il faudra qu'il entre au
Comité central, puisqu'il est le chef des « radicaux » de Berlin. Rien que cela suffira à amé-
liorer leurs rapports avec le Comité central. Tel
que je le connais, Reuter se sentira obligé par le
« traité de paix » à collaborer en camarade avec
ceux qu'on appelle « la droite » comme avec les
autres. A vrai dire, j'ai remarqué chez lui, pendant le congrès, une certaine raideur et une certaine étroitesse; ce n'est pas ce qu'il faut pour
un chef, et quand on se met à chanceler et à
glisser avec ces défauts-là, il n'y a plus guère
moyen de se retenir. »

En cet endroit de ses « bons conseils », j'interrompis Lénine pour lui demander avec étonnement : « Est-ce que vous supposeriez quelque
chose? » Lénine se mit à rire : « Non, mais j'ai
de l'expérience ». Puis il poursuivit : « Il importe surtout que vous gardiez sous notre dra-
peau des hommes de valeur qui aient déjà gagné
autrefois leurs éperons dans le mouvement ouvrier. Je pense à des camarades comme Adolphe

Hofmann, Fritz Geyer, Däumig, Fries et d'autres encore. Avec ceux-là aussi, il faut avoir de la patience, et ne pas croire tout de suite la « pureté du communisme » en danger, s'il leur arrive parfois de ne pas réussir encore à trouver l'expression claire, précise d'une pensée communiste. Ces camarades ont la meilleure volonté d'être de bons communistes, et il faut les aider à le devenir. Cela ne veut naturellement pas dire qu'il faille faire des concessions aux survivances de leurs conceptions réformistes. Nous ne permettrons pas que, sous un pavillon quelconque, le réformisme entre chez nous en contrebande. Mais il faudra amener ces camarades dans telle situation où il leur sera impossible de parler ou d'agir autrement qu'en communistes. Malgré tout, vous éprouverez peut-être, et même probablement, des déceptions. Si vous perdez un camarade, qui retombe dans ses anciennes erreurs, en procédant avec fermeté et avec sagesse, vous en conserverez tout de même deux, trois, dix autres, qui seront venus à vous en même temps que lui et qui seront devenus de véritables communistes. Des camarades comme Adolphe Hofmann, Däumig, etc..., apportent au parti leur expérience et bien des connaissances pratiques, et par-dessus tout ils sont les anneaux vivants qui relient le parti aux larges masses ouvrières, dont ils possèdent la confiance. Ce sont les masses qui importent. C'est pourquoi nous ne devons les effaroucher ni par des « sottises

de gauche » ni par des timidités de droite. Et
nous gagnerons les masses si nous agissons toujours, dans les petites comme dans les grandes
choses, en communistes conséquents. Vous autres, en Allemagne, il va falloir passer maintenant votre examen en tactique — la tactique de
la conquête des masses. N'allez pas nous déce-
voir, en commençant par la scission.. Ne pensez
jamais qu'aux masses, Clara, et vous irez à la
Révolution, comme nous y sommes allés nous-
mêmes : avec les masses, et par les masses.

***

Deux fois, j'étais retournée à Moscou après cet
entretien d'adieux, et l'impossibilité où je m'é-
tais trouvée de parler avec Lénine, de le voir,
avait mis sur mon séjour comme une ombre
noire. Un mal très grave l'avait abattu, lui, le
fort, le résistant. Contrairement aux bruits et
aux prophéties pessimistes, il se releva. En fai-
sant route, à la fin d'octobre 1922, pour le 4ᵉ
congrès de l'Internationale Communiste, je savais que je reverrais Lénine. Son rétablissement était en si bonne voie qu'il devait faire un
rapport sur *Cinq années de Révolution russe et
les perspectives de la Révolution mondiale*. Pour
célébrer l'anniversaire de la Révolution russe,
son chef et son plus grand génie, en bonne voie
de guérison,, allait venir parler d'elle devant les
représentants de l'avant-garde révolutionnaire

du prolétariat : pouvait-il y avoir plus belle fête?

Le surlendemain de mon arrivée, le camarade qui prenait soin de mon appartement, et qui manifestement était venu de l'ancien « régime » au nouveau, s'avança vers moi, à la fois ému et joyeux : « Camarade, Wladimir Illitch veut vous voir. Vous saurez que c'est M. Lénine qu'on appelle ainsi. Il va être ici tout de suite. » Je fus si remuée par l'annonce de cette visite que j'en oubliai sur le moment de remarquer le comique du « Monsieur Lénine ». Je me levai immédiatement de mon bureau et je courus à la porte. Il y était déjà, Wladimir Illitch, en vareuse de bure grise, l'air frais, robuste, comme avant les mauvais jours de sa maladie.

— « Soyez sans crainte, répondit-il, comme je lui demandais de ses nouvelles. Je me sens tout à fait bien, tout à fait robuste. Je suis même devenu « raisonnable », pour parler comme MM. les docteurs. Je travaille, mais je me ménage, et j'observe rigoureusement les prescriptions des médecins. Merci bien! je ne veux pas retomber malade. C'est une vilaine affaire. Il y a tant de besogne et il ne faut pas que Nadescha Konstantinova (1) et Maria Illinicha (2) aient encore une fois ces soucis — et la peine de me soigner... Eh bien! même quand je n'étais pas

---

(1) La camarade Kroupskaïa, femme de Lénine. (N. D. T.)
(2) Sœur de Lénine.

là, l'histoire universelle a continué de se faire,
en Russie et ailleurs. Dans notre parti, les camarades ont collaboré comme de vrais frères d'armes, et c'est le principal. Mais ils ont eu énor-
mément à faire, et je suis heureux de pouvoir
les soulager un peu... »

Le camarade Lénine me demanda ensuite af-
fectueusement des nouvelles de mes fils, comme
il faisait à chacune de nos rencontres, et finale-
ment, il me demanda de le renseigner sur l'Allemagne et sur le parti allemand. Je le fis d'une
façon succincte, avec le souci de ne pas le fati-
guer. Lénine parut relier en pensée notre conversation présente aux entretiens que nous
avions eus au cours du 3e congrès de l'Internationale Communiste. Il me plaisanta sur ma
« psychologie de bon enfant » au temps de l'affaire Lévi. « Moins de psychologie et plus de
politique », dit-il. D'ailleurs, vous avez montré
dans votre polémique avec Lévi au sujet de la
position de Rosa Luxembourg vis-à-vis de la Révolution russe, que cela aussi est dans vos
moyens. La dure leçon que vous lui avez donnée
était bien méritée. De notre point de vue, Lévi
s'est réglé son affaire à lui-même, plus vite et
de façon plus définitive que son pire ennemi
n'eût pu le faire. Il ne pourra plus être dangereux pour nous. Il n'est plus pour nous qu'un
numéro dans la social-démocratie, pas autre
chose. Il ne peut plus rien être pour nous, même
s'il devait encore, par hasard, jouer là-bas un

certain rôle. Ce n'est d'ailleurs pas difficile, étant donné la décadence de ce parti. Mais, pour un camarade qui a combattu tout près de Rosa et de Karl et qui a été leur ami, c'est bien la fin la plus ignominieuse qu'on puisse imaginer. Aussi bien était-il parfaitement impossible que le parti communiste fût sérieusement ébranlé et mis en danger par son apostasie et sa trahison. Il y a eu quelques secousses dans des milieux restreints et quelques individus se sont détachés. Le parti est sain, il est profondément sain. Il est en très bonne voie pour devenir un parti de masses, un parti révolutionnaire de masses qui prendra la tête du prolétariat allemand. » « Et votre opposition, où en est-elle? » demanda Lénine après une petite pause. A-t-elle enfin appris à faire de la politique, de la politique communiste? »

Je fis un exposé de ce qui avait trait à cette question, et je conclus en disant que « l'opposition de Berlin » s'était imaginé que le 4e congrès international, revenant sur la position prise par le précédent congrès, allait prendre à tâche de faire rapporter les décisions de ce 3e congrès. « Retour au 2e congrès », tel était son mot d'ordre.

Lénine s'amusa beaucoup de cette « naïveté inouïe », c'est ainsi qu'il s'exprima textuellement. « Les camarades de gauche prennent l'Internationale Communiste pour la fidèle Pénélope », dit-il gaiement. « Pourtant notre In-

ternationale ne travaille pas le jour pour dé-
faire la nuit ce qu'elle a tissé. Elle ne peut pas
s'offrir le luxe de faire un pas en avant et tout
de suite après un pas en arrière. Les camarades
n'ont-ils donc pas d'yeux pour voir ce qui se
passe? Y aurait-il quelque chose de changé dans
la situation mondiale, pour que la conquête des
masses ne soit plus notre tâche la plus pres-
sante? Ces gens de la gauche sont comme les
Bourbons. Ils n'ont rien appris et rien oublié.
Si je suis bien informé, la critique que fait la
gauche des erreurs commises dans l'application
de la tactique du front unique cache le désir
d'envoyer au diable cette tactique elle-même. Ce
qu'il faudra que fasse le prochain Congrès de
l'Internationale Communiste, ce n'est pas rapporter les décisions du 3e Congrès, mais, au contraire, les confirmer, les souligner, les souligner
vigoureusement. Elles constituent un progrès
sur les travaux du 2e Congrès. Elles sont le fondement sur lequel il faudra continuer à bâtir,
sans quoi nous ne deviendrons pas le parti de
masses, le parti révolutionnaire de classe qui
doit marcher à la tête du prolétariat. Est-ce que
nous voulons la conquête du pouvoir, la dictature du prolétariat, la Révolution, oui ou non?
Si oui, il n'y a, aujourd'hui comme hier, pas
d'autre route que celle qu'a indiquée le 3e Congrès.

Lors d'une nouvelle rencontre, pendant le Congrès, Lénine exprima encore une fois son sen-

timent sur l'opposition de gauche en Allemagne. Il avait assisté entre temps à une séance de la délégation allemande, où le camarade Koenig et la camarade Fischer, en qualité de représentants et des chefs de la gauche, avaient opposé leur conception de la Centrale et de la direction du parti. Ce fut d'une faiblesse politique extraordinaire, et, d'autre part, la réserve et la douceur du ton étaient frappantes, mais il faut dire aussi que « l'opposition de gauche » intervint en séance plénière du congrès avec une « modération » surprenante, à la rapprocher des grands gestes et des allures de fier-à-bras qu'elle affectait en Allemagne. La tête légèrement penchée en avant, la main à l'oreille, Lénine suivait les débats. Toutefois il ne prit pas part à la discussion. Mais quelle impression en avait-il rapportée? C'est ce que je profitai de notre rencontre pour lui demander.

Lénine répondit en secouant la tête : « Je comprends que, dans la situation actuelle, il puisse y avoir chez vous quelque chose comme une opposition de gauche. Il existe certainement encore des dispositions K. P. D. istes, il y a des ouvriers mécontents et qui souffrent, dont les sentiments sont révolutionnaires, mais qui manquent d'éducation politique et n'y voient pas clair dans la situation. Pour eux, on n'avance pas assez vite. L'histoire ne semble pas pressée, mais les ouvriers mécontents trouvent que c'est la direction de votre parti qui ne veut pas se presser. C'est elle qu'ils rendent responsable de l'allure de la Révolution mondiale, ils sont toujours à critiquer, à crier. Je comprends tout cela. Mais ce que je ne comprends pas, c'est que cette « opposition de gauche » ait les chefs que j'ai entendus. Lénine s'exprime avec une ironie mordante sur le compte de la « meilleure moitié » de la délégation de gauche. Pour lui, c'était un « accident personnel », elle était « politiquement désemparée », faute du gouvernail des principes. Enfin, il conclut avec vivacité : « Non, une pareille opposition, des chefs pareils, ne m'en imposent pas du tout! Mais je le dis sans détours, votre Centrale ne m'en impose pas davantage, elle qui ne trouve pas moyen, — parce qu'elle ne montre pas assez d'énergie — d'en finir avec des démagogues de si peu d'envergure. Il devrait pourtant être facile de régler leur compte à des bonshommes comme ceux-là, de détacher d'eux et d'éduquer politiquement les ouvriers qui ont des sentiments révolutionnaires. Précisément parce que leurs sentiments sont révolutionnaires, tandis que des « radicaux » de l'espèce de ceux-là sont au fond les pires opportunistes ».

Mais revenons à la visite de Lénine et à notre conversation chez moi.

Lénine exprima sa satisfaction de voir la vie économique reprendre, lentement il est vrai, mais sûrement, en Russie soviétique. Il cita des faits et fournit des chiffres indiquant les progrès réalisés. Mais s'interrompant, « je parlerai de cela dans mon rapport », dit-il. « Le temps que m'accorde pour mes visites la tyrannie des médecins est écoulé. Vous voyez comme je suis discipliné. Il faut quand même que je vous dise encore quelque chose qui va vous faire grand plaisir. Figurez-vous que j'ai reçu il n'y a pas longtemps une lettre d'un village perdu, de... (le nom était difficile, et je l'ai malheureusement oublié, C. Z.). Les pensionnaires d'une maison d'enfants, au nombre d'une centaine environ, m'écrivent :

« Cher petit grand-père Lénine !

« Nous voulons te dire que nous sommes devenus très sages. Nous travaillons bien en classe. Nous lisons et nous écrivons déjà bien; nous faisons beaucoup de belles choses. Nous nous lavons comme il faut tous les matins, et nous nous lavons les mains chaque fois que nous allons manger. Nous voulons faire plaisir à notre maître. Il ne nous aime pas quand nous sommes sales, etc., etc. ».

« Voyez-vous, chère Clara, nous faisons des progrès dans tous les domaines, des progrès sérieux. Nous nous civilisons. Nous nous lavons déjà, et tous les jours même! Chez nous les petits enfants des villages travaillent déjà eux aussi à édifier la Russie des Soviets. Et on voudrait que nous ayons peur de ne pas vaincre? » Lénine se mit à rire, de ce rire joyeux qu'il avait toujours, et dans lequel on sentait tant de bonté et une si grande assurance de vaincre.

J'ai entendu le rapport de Lénine sur la révolution russe; c'est le rapport d'un homme qui est guéri, d'un homme qui a une volonté de fer et qui veut vivre, pour que son génie créateur façonne la vie sociale; ce sont les paroles d'un homme qui est guéri, et vers qui, pourtant, la mort impitoyable étend déjà son bras décharné. Je garde précieusement le souvenir de cette dernière fois où Lénine a fait œuvre historique. Mais je n'ai pas gravé moins précieusement dans ma mémoire la fin du dernier entretien personnel que j'ai eu avec lui — si l'on ne tient pas compte de quelques brefs échanges d'idées lors de rencontres fortuites. Cet entretien-là rejoint et complète le premier que j'ai eu avec lui sur un sujet non politique. Dans l'un comme dans l'autre, c'est le même Lénine, Lénine tout entier. Lénine, qui voyait le grand côté des petites choses, et par qui le moindre détail était saisi et mesuré dans son rapport étroit avec l'ensemble. Lénine, qui reconnaissait selon l'esprit de Marx que la culture du peuple et la révolution se conditionnent mutuellement, pour qui l'éducation du peuple s'achevait en révolution, et la révolution de son côté en éducation du peuple. Lénine, qui aimait d'un amour ardent, désintéressé, le peuple travailleur, et en particulier les enfants, qui sont l'avenir de ce peuple, l'avenir du communisme. Lénine, qui n'était pas moins grand par le cœur que par l'esprit et par la volonté, et qui a pu, pour cette raison, devenir le chef éminent du prolétariat. Lénine, dont la force et l'audace ont grandi et qui a triomphé, parce qu'il y avait en lui, remplissant entièrement son âme, l'amour des masses travailleuses, la confiance en ces masses, la foi dans la grandeur et la bonté de la cause à laquelle il dévoua sa vie, la foi dans la victoire de cette cause. Voilà comment il a pu accomplir le « miracle » historique. Il a transporté des montagnes.

Moscou, fin janvier 1924.